CAROLINA MICHELINI   MICHELE IACOCCA

Pense bem

Descobrindo a filosofia

Pense bem – Descobrindo a filosofia
© Carolina Michelini e Michele Iacocca, 2011

Gerente editorial	Claudia Morales
Editora	Lavínia Fávero
Editor assistente	Fabrício Valério
Coordenadora de revisão	Ivany Picasso Batista
Revisão técnica	Rogério Passos Severo
Revisora	Cátia de Almeida

ARTE
Editor	Vinicius Rossignol Felipe
Projeto de capa	Vinicius Rossignol Felipe
Diagramador	Claudemir Camargo
Editoração eletrônica	Andrea Antunes de Carvalho

CIP-BRASIL. CATALOGAÇÃO NA FONTE
SINDICATO NACIONAL DOS EDITORES DE LIVROS, RJ.

M57p

Michelini, Carolina
    Pense bem : descobrindo a filosofia / texto Carolina Michelini ; ilustrações Michele Iacocca. - 1.ed. - São Paulo : Ática, 2011.
    56p. : il. - (Pé no chão)

    ISBN 978-85-08-14539-3

    1. Filosofia - Literatura infantojuvenil. 2. Literatura infantojuvenil brasileira. I. Iacocca, Michele, 1942-. II. Título. III. Série.

10-6289.   CDD: 028.5
                                          CDU: 087.5

ISBN 978 85 08 14539-3 (aluno)
CL: 736942
CAE: 261588

2018
2ª edição
5ª impressão
Impressão e acabamento: A.R. Fernandez

Todos os direitos reservados pela Editora Ática S.A., 2011
Avenida das Nações Unidas, 7221, Pinheiros – CEP 05425-902 – São Paulo, SP
Atendimento ao cliente: (0xx11) 4003-3061 – atendimento@aticascipione.com.br
www.aticascipione.com.br

IMPORTANTE: Ao comprar um livro, você remunera e reconhece o trabalho do autor e o de muitos outros profissionais envolvidos na produção editorial e na comercialização das obras: editores, revisores, diagramadores, ilustradores, gráficos, divulgadores, distribuidores, livreiros, entre outros. Ajude-nos a combater a cópia ilegal! Ela gera desemprego, prejudica a difusão da cultura e encarece os livros que você compra.

Você pensa, não pensa?

Se alguém perguntasse no que você está **pensando**, o que você responderia?

Você, por acaso, já pensou sobre o que é pensar?

Tudo nos faz pensar. Uma coisa boa que acontece, algo que nos surpreende ou uma situação desconfortável.

Quando gostamos de alguém ou sentimos saudade.

Quando brigamos com um amigo e ficamos remoendo o que aconteceu.

Quando somos elogiados ou levamos bronca.

Quando nos sentimos apoiados ou injustiçados.

Pensar ajuda a fazer escolhas melhores. Por exemplo, se alguém lhe faz uma pergunta, oferece alguma coisa ou pede algo, você pensa antes de responder sim ou não, não pensa?

Pois é. Quem pensa antes de agir corre menos risco de errar, de ser enganado, de ficar à mercê da vontade dos outros, porque tira suas próprias conclusões.

E tudo começa com uma perguntinha muito simples:

E você, costuma se **perguntar** por quê?

... você quer comprar tudo o que vê?

... você se deixa levar pela propaganda?

... às vezes você briga com seus amigos e às vezes se dá bem com eles?

... você não gosta de arrumar o seu quarto e de dormir na hora certa?

... você tem preguiça de fazer lição ou de escovar os dentes?

... você às vezes quer fazer uma coisa e acaba fazendo outra?

... às vezes você faz o que os outros mandam, sem pensar a respeito?

... você gosta mais de receber em vez de dar?

... você acha que as coisas têm que ser só do seu jeito?

... às vezes você trata mal seu irmão menor?

... existem a Terra, o Sol, a Lua, e nós também existimos?

... o Sol nasce e se põe todo dia, as estrelas brilham, e a Lua muda de forma?

... a escuridão assusta?

... a gente fica bem quando está tudo certo com os amigos e se sente mal quando briga com eles?

... às vezes não encontramos palavras para dizer o que estamos sentindo?

13

... as pessoas brigam por causa de futebol e de religião?

... existem ricos e pobres?

... existem políticos?

... tantas injustiças são cometidas?

... tem gente que prefere fazer o mal ao invés do bem?

... é importante estudar?

... tem gente que maltrata os animais?

... devemos cuidar da natureza?

... numa sociedade, é importante ter direitos e deveres?

... a gente cresce e deixa de ser criança?

... às vezes você fala o que pensa e outras não?

Está vendo quantas **perguntas**?

Você tem **resposta** para todas elas?

Então, vamos pensar um pouco?

Pensar é um exercício de liberdade que pode ser feito em todas as idades. E questionar, ou seja, perguntar por que as coisas são do jeito que são, é o primeiro passo para mudar aquilo que você não acha correto.

É questionando, refletindo e pesquisando, que os cientistas conseguem chegar às suas descobertas sobre o mundo que nos cerca, por exemplo. Foi buscando respostas para questionamentos que surgiram muitas das invenções legais que temos hoje, como os foguetes espaciais, o computador, a internet e até um simples lápis ou caderno.

Mas, além dessas consequências práticas, o pensamento também guiou a humanidade por outros caminhos, trazendo outros tipos de pergunta, por exemplo...

QUEM SOU EU?

DE ONDE **VIM**?

PARA ONDE **VOU**?

O QUE É **JUSTIÇA**?

O QUE É **LIBERDADE**?

O QUE É **FELICIDADE**?

QUAL O **SENTIDO** DA VIDA?

COMO FUNCIONA O **PENSAMENTO**?

COMO DEVO **VIVER** MINHA VIDA?

A **VERDADE** É A MESMA PARA TODOS?

O QUE É **VIDA**?

O QUE É **MORTE**?

É PRECISO SER RICO PARA SER **FELIZ**?

TODO MUNDO VEIO DO MESMO **LUGAR**?

POR QUE 2 + 2 É IGUAL A 4?

UM ROBÔ PODE PENSAR E TER **SENTIMENTOS**?

EXISTE ALGUMA COISA QUE TODO MUNDO ACHA BOA OU RUIM?

É **CERTO** OU **ERRADO** PROJETAR UM BEBÊ EM LABORATÓRIO?

De onde vêm essas perguntas? E as respostas?

Esses e muitos outros questionamentos sempre existiram. Até agora, no entanto, ninguém encontrou respostas definitivas para eles. Ou melhor, essas perguntas foram respondidas de maneiras diversas ao longo da História e ainda não se chegou a um acordo sobre qual seria a melhor resposta.

Esse tipo de reflexão é uma disciplina ou área de estudo, assim como a matemática, a geografia ou a língua portuguesa, sabia? Seu nome é filosofia.

Esse nome foi dado pelos gregos há muito, muito tempo. É uma composição de duas palavras: *filo*, que vem de *filia* e significa amizade; e *sofia*, que quer dizer sabedoria. Assim, filosofia significa amizade pela sabedoria ou amor pelo saber.

Quem se dedica a essa atividade recebe o nome de filósofo, mas também pode ser chamado de pensador.

Vamos passear pela História e conhecer alguns **filósofos**?

Oriente: a filosofia antes da "filosofia"

Mesmo antes de os gregos inventarem a palavra "filosofia", já existiam amigos da sabedoria em outras partes do mundo.

No antigo Egito, na Índia e na China, havia diversos centros de estudo muito avançados em várias áreas.

Por volta do século VII a.C., os indianos já procuravam responder muitas perguntas que depois foram feitas pelos gregos.

Eles chamavam esse tipo de estudo de *darsana*, palavra que, em sânscrito, significa enxergar. Isso por que, no hinduísmo, conjunto de práticas religiosas e filosóficas indianas, o objetivo da filosofia não é apenas entender o mundo, mas atingir a iluminação, ou seja: evoluir espiritualmente.

Entre os séculos IX e VIII a.C., o príncipe indiano Sidarta Gautama desenvolveu uma maneira própria de atingir a iluminação e passou a ser chamado de Buda (o iluminado, em sânscrito).

Seus ensinamentos deram origem a uma das mais notáveis religiões filosóficas da História, o budismo.

Zoroastro também criou uma doutrina que mistura religião e filosofia. Ele viveu na Pérsia (onde hoje é o Irã), por volta do século

VII a.C., e dizia que no mundo duas forças conviviam: o bem e o mal. E acreditava que o bem sempre venceria o mal.

Os filósofos chineses mais conhecidos no Ocidente são Lao-Tsé e Confúcio, que viveram mais ou menos na mesma época, por volta do século VI a.C.

Os ensinamentos de Lao-Tsé estão registrados em um livro chamado *Tao te ching* (algo como livro do caminho e de sua virtude), e sua linha de pensamento ficou conhecida como taoismo.

A palavra *tao*, que pode ser traduzida como caminho, aparece em quase todas as doutrinas chinesas, mas adquiriu um significado especial com Lao-Tsé: para ele, *tao* significa a ordem do universo.

De acordo com o pensador chinês, os seres humanos conseguem entender essa ordem e devem tentar agir de acordo com ela para que o mundo tenha harmonia. Levar uma vida simples é a melhor maneira de atingir esse objetivo.

Ou, como ele mesmo diria: "O melhor dos homens é como a água, que se beneficia de todas as coisas sem jamais entrar em conflito com elas".

Para Confúcio, a principal conquista que alguém pode ter é alcançar a *jen*, palavra que significa humanidade ou bondade. De acordo com ele, o ser humano deve se importar com o bem-estar dos demais e refletir sempre sobre o próprio caráter, para reconhecer e tentar corrigir suas falhas.

Grécia: onde tudo começou

> **Todos os homens tendem por natureza ao saber.**
> Aristóteles

Os gregos eram um povo navegador. É provável que, em suas viagens, tenham entrado em contato com as ideias do Oriente. Mas eles criaram uma nova maneira de pensar no Ocidente e a chamaram de filosofia. Isso aconteceu por volta do século VII a.C.

Até então, a única maneira de explicar o mundo que os gregos conheciam era a mitologia. De acordo com os mitos gregos, tudo o que existia e acontecia era obra dos deuses.

A filosofia é uma busca de conhecimento e explicações por meio do pensamento, da razão humana, sem recorrer aos deuses.

Outra novidade importante para a filosofia foi trazida por Sócrates, que nasceu em Atenas por volta de 469 a.C. Antes dele, os filósofos costumavam buscar explicações apenas para as transformações da natureza.

Sócrates começou a fazer um novo tipo de pergunta: como agir corretamente em relação a si mesmo e aos outros (ou, em palavras mais filosóficas, o que é virtude e como ser um homem virtuoso?)? Questionamentos como os de Sócrates fazem parte de uma área muito importante da filosofia: a ética.

TALES DE MILETO
(c. 624 a.C.-546 a.C.)

Engenheiro, astrônomo, matemático e estadista que nasceu na ilha de Mileto, foi o primeiro grego a procurar outro tipo de explicação para aquilo que ele observava. Por isso é considerado o primeiro filósofo. De acordo com ele, as respostas para os grandes mistérios da vida estavam na natureza e em seus fenômenos. Entre outras coisas, Tales desvendou o funcionamento do eclipse solar.

SÓCRATES
(469 a.C.-399 a.C.)

Apesar de nunca ter escrito nada, Sócrates vem inspirando muitas gerações de pensadores. Sua filosofia era praticada em toda parte, até na rua, com qualquer um que quisesse debater. Sócrates gostava de provocar, fazendo perguntas que ninguém sabia responder como: "O que é ter virtude?". Para ele, essa era uma questão sobre a qual, muitas vezes, as pessoas pensavam que sabiam algo quando, na verdade, não sabiam. Por exemplo, todos nós usamos palavras como "belo", "justo" e "verdadeiro", mas poucas vezes paramos para pensar no que elas realmente significam.

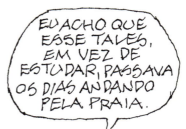

PITÁGORAS
(570 a.C.-495 a.C.)

Nasceu na ilha de Samos e também foi astrônomo e matemático. Por volta de 540 a.C., fundou uma sociedade secreta em Crotona. Seus integrantes eram vegetarianos. Pitágoras era muito misterioso. Seus ensinamentos eram passados apenas para seus discípulos, de boca em boca, nada era escrito. É por isso que sabemos pouco sobre a vida e as obras de Pitágoras. Mas, de acordo com relatos de outros filósofos e historiadores, ele foi o primeiro a dizer que a Terra era redonda e que o Sol era o centro do universo. O pensador acreditava que os números tinham poderes especiais e criou a teoria da "harmonia das esferas": os céus se dividiam em camadas, que se movimentavam de acordo com os números e produziam música.

PLATÃO
(428 a.C.-347 a.C.)

Nasceu em Atenas e foi muito influenciado por Sócrates. Acreditava que o mundo que percebemos com nossos cinco sentidos é ilusório, porque está sempre mudando e é diferente para cada um que o observa. Para Platão, o mundo verdadeiro é o mundo em que nada muda, o mundo das ideias ou das formas, que só o pensamento pode compreender. Muitos de seus livros são conhecidos como diálogos, pois ele escrevia como se fosse uma conversa entre diferentes pensadores debatendo alguma questão importante, como coragem, beleza, virtude, amor e como fazer para atingir o conhecimento (conheça o mito da caverna de Platão nas páginas 28 e 29).

ARISTÓTELES
(384 a.C.-322 a.C.)

Nasceu em Estagira e foi morar em Atenas aos 17 anos. Estudou duas décadas com Platão e, quando seu mestre morreu, foi viajar pelo mundo. Em 335 a.C., Aristóteles voltou para Atenas e fundou sua própria escola de filosofia. Ele gostava de ensinar ao ar livre, caminhando enquanto lia ou explicava algo para os seus alunos. Por isso seu método de ensino foi batizado de "peripatético" (do verbo grego *peripatos*, que significa caminhar). Escreveu muito, sobre quase todos os assuntos: física, psicologia, biologia, astronomia, política, ética...

DIÓGENES DE SÍNOPE
(404 a.C.-323 a.C.)

Pertencia a uma escola filosófica chamada cinismo, que surgiu no século IV a.C. Os cínicos pregavam a liberdade e acreditavam que, quanto menos coisas tivessem, mais livres seriam. Por isso Diógenes chegou ao extremo de viver em um barril. Contam que ele foi visto pedindo esmola a uma estátua. Quando lhe perguntaram por que fazia aquilo, o filósofo respondeu: "Por dois motivos: primeiro porque ela é cega e não me vê; segundo, para me acostumar a não receber nada e não depender de ninguém". Outra história famosa é que ele saía com uma lanterna acesa em plena luz do dia procurando, no meio da multidão, algo que nunca conseguia encontrar: um homem sábio.

O mito da caverna, de Platão

Conheça um dos textos mais importantes da história da filosofia, muito estudado e comentado até hoje.

Roma: um império sob influência grega

> **Apressa-te a viver bem e pensa que cada dia é, por si só, uma vida.**
> Sêneca

Por volta do século I a.C., a Grécia foi invadida por Roma. Os romanos construíram um grande império, dominando boa parte do mundo conhecido da época.

Eles admiravam tanto os gregos que adotaram algumas características importantes de sua cultura.

A influência grega na cultura romana pode ser sentida na religião, na escultura, na pintura, na arquitetura e na literatura. E, é claro, na filosofia.

Uma das principais escolas filosóficas romanas é o estoicismo. Os estoicos acreditavam que a principal fonte de infelicidade entre os homens era a preocupação com coisas que estão fora de controle, como as emoções e os fenômenos naturais, como inundações, terremotos e secas.

Por meio do estudo da filosofia, podemos ir educando nossos pensamentos e atitudes para que aquilo que foge ao nosso controle não nos afete tanto. Esse seria o caminho para a felicidade de acordo com Sêneca, Epíteto, Marco Aurélio e outros representantes do estoicismo.

CÍCERO (106 a.C.-43 a.C.)

Um dos grandes divulgadores da cultura grega em Roma foi Marco Túlio Cícero, que se destacou por traduzir muitos conceitos da filosofia grega para o latim, a língua falada no Império Romano. Sua filosofia tinha principalmente um fim político, que era o de defender a república romana contra a corrupção e a falta de virtude que ele via nos políticos de seu tempo. Como outros filósofos dessa época, Cícero acreditava que o comportamento guiado pela razão é o único meio de alcançar a paz e a felicidade.

BOÉCIO (480-524)

Outro grande divulgador do pensamento grego entre os romanos foi Boécio. Ele nasceu em Roma e foi filósofo, estadista, teólogo, matemático e estudioso da música. Inspirado principalmente pelas obras de Aristóteles, escreveu vários textos importantes na área da lógica. No final de sua vida, foi preso por razões políticas. Na prisão, criou o livro *A consolação da filosofia*, que fala do alívio que esse estudo pode trazer, pois ensina que a felicidade verdadeira consiste na virtude, que não é afetada nem pela sorte nem pelo azar que possamos ter em nossas vidas.

Idade Média: duelo entre a fé e a razão

Os romanos dominaram o mundo até o século V. A queda desse império marca o início do período chamado pelos historiadores de Idade Média, que durou até o século XV.

Com o fim do domínio romano, muitos pequenos reinados foram surgindo na Europa, e não era raro haver disputas entre eles. Esse é o período dos castelos, defendidos por cavaleiros em armaduras.

Muitas coisas que todo mundo usa hoje, como os óculos, o relógio mecânico e o garfo, foram inventadas na Idade Média, sabia? As primeiras universidades também surgiram nesse período.

Na filosofia, a Idade Média foi marcada principalmente pela influência crescente da religião cristã.

> **Milagres não são contrários à natureza, mas apenas contrários ao que entendemos sobre a natureza.**
> Santo Agostinho

Uma das principais preocupações dos filósofos da época era conciliar as chamadas verdades reveladas, encontradas na Bíblia, com as verdades racionais presentes nas obras de grandes filósofos, sobretudo dos gregos. Por exemplo: se Deus é justo e bom, como pode ter criado um mundo em que existe maldade?

SANTO AGOSTINHO
(354-430)

Não foi sempre cristão: converteu-se à religião por volta dos 30 anos e chegou a ser bispo. Assim como São Tomás, tentou dar uma explicação racional para a fé. Ele acreditava que, sem ela, a razão não é capaz de trazer felicidade, e refletiu sobre a natureza humana e o amor. "Amar não é mais do que desejar uma coisa por si mesma", escreveu. Mesmo depois de virar religioso, Santo Agostinho não conseguia parar de cometer um pecadinho que o preocupava: comer muito doce após as refeições.

SÃO TOMÁS DE AQUINO
(1225-1274)

De família muito rica, São Tomás abandonou tudo para virar padre. Foi um dos pensadores mais destacados da chamada escolástica, movimento filosófico do final da Idade Média, ligado às universidades. A principal ideia do pensamento escolástico é que podemos descrever o universo inteiro por meio do pensamento. Há uma hierarquia no universo. No topo está Deus. Logo abaixo estão os anjos, seguidos dos seres humanos, dos animais, das plantas e das pedras. E, baseando-se nesse sistema, seria possível explicar o porquê de todas as coisas. Ficou conhecido como "o mais sábio dos santos e o mais santo dos sábios".

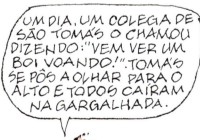

Enquanto isso, no Oriente Médio...

Na Europa, durante a Idade Média, alguns dos conhecimentos da Antiguidade acabaram se perdendo, e a ciência e a filosofia progrediram muito lentamente, por causa das restrições impostas pela Igreja Católica. Por esse motivo, tudo que não fosse marcado pelo pensamento religioso era censurado.

No mesmo período, no Oriente Médio, aconteceu justamente o contrário. Os povos árabes que ali viviam alcançaram importantes conquistas, que só seriam incorporadas à cultura europeia bem mais tarde. Esse foi o período de apogeu da cultura islâmica.

Os árabes tinham conhecimentos de medicina, matemática, astronomia e arquitetura que superavam em muito os dos médicos e cientistas europeus.

Na filosofia, foram grandes estudiosos do pensamento grego, sobretudo o de Aristóteles. Foi por intermédio dos filósofos árabes, por exemplo, que a obra de Aristóteles foi reintroduzida na Europa, depois de ter ficado quase esquecida durante vários séculos.

AVICENA
(980-1037)

Foi um físico e filósofo persa que também estudou astronomia, química, geologia, medicina e psicologia. Salientou a importância dos exercícios físicos, da alimentação e do sono para a saúde, antecipando recomendações da medicina atual. Incorporou o pensamento de Aristóteles à tradição islâmica, aprofundando a ideia de que tudo tem uma essência, isto é, algo que não muda e que faz de alguma coisa o que ela é. Aquilo que pode mudar não é essencial, mas acidental. Por exemplo, a cor da capa deste livro: isso é acidental, pois o livro não seria outro se apenas a cor da capa mudasse. Mas as páginas do livro são essenciais, já que um livro sem páginas não é um livro!

AVERRÓIS
(1126-1198)

Viveu no século XII na península Ibérica, onde hoje fica a Espanha. Naquela época, essa região era ocupada pelos árabes. Eram poucas as artes e ciências sobre as quais Averróis não tinha conhecimento. Escreveu sobre teologia, medicina, astronomia, matemática, física, geografia e, é claro, filosofia. Acreditava que não havia conflito entre filosofia e religião. A realidade é uma só. Portanto, religião e filosofia, que falam da mesma realidade, apenas parecem se contradizer. No fundo, são pontos de vista diferentes.

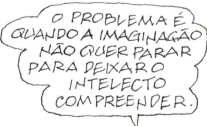

Idade Moderna: renascimento da razão

Entre os séculos XV e XVI, o mundo ficou muito maior. Quer dizer, as pessoas que viviam naquela época passaram a conhecer partes do mundo das quais nunca tinham ouvido falar até então, como a América, descoberta pelo navegador italiano Cristóvão Colombo em 1492, e o Brasil, que foi descoberto pelos portugueses em abril de 1500.

As Grandes Navegações, como são conhecidas as expedições marítimas em busca de novas rotas comerciais, trouxeram não apenas o conhecimento de lugares inexplorados, elas ajudaram a transformar toda a sociedade da época.

Durante a Idade Média, só podia ser rico quem tivesse grandes extensões de terra. Os navegadores, que viajavam pelo mundo fazendo comércio e grandes riquezas, mudaram esse panorama econômico, fazendo surgir uma nova classe de poderosos: os mercantes.

A troca de mercadorias em feiras e outros mercados incentivou o crescimento das cidades, que naquela época eram chamadas de burgos, e foram ficando cada vez mais importantes, atraindo mais pessoas.

> " Assim como uma nova estrela, [a prensa tipográfica] dissipará a escuridão da ignorância. "
> Johannes Gutenberg

> **Mesmo que eu soubesse que o mundo acabaria amanhã, eu ainda plantaria minha macieira.**
> Martinho Lutero

Outra grande transformação foi a invenção da prensa tipográfica, por volta de 1439, pelo alemão Johannes Gutenberg (1398-1468). Com essa novidade, os livros podiam ser impressos em grandes quantidades, e o conhecimento poderia circular em uma escala maior.

Você acredita que, antes de existir a prensa, os livros tinham que ser copiados à mão, um por um? Normalmente, quem fazia esse trabalho artesanal eram monges chamados de copistas. Sendo assim, era a Igreja que determinava o que podia ou não ser lido.

Foi também na Idade Moderna, mais precisamente no século XVI, que ocorreu a Reforma Protestante, um movimento cujo principal representante foi o sacerdote e teólogo alemão Martinho Lutero (1483-1546). Ele defendeu, entre outras coisas, que a Bíblia pudesse ser interpretada livremente pelos fiéis.

Antes de Lutero, que traduziu a Bíblia para o alemão, as Bíblias eram todas em latim e só podiam ser lidas pelos representantes da Igreja Católica.

A filosofia dessa época não poderia deixar de refletir todas essas transformações. Como a Idade Média tinha sido bastante marcada pelo poder da Igreja e seus abusos, os filósofos do começo da Idade Moderna defendiam uma volta à valorização do ser humano e da razão, como ocorrera na Grécia antiga, o berço da filosofia.

É por isso que esse pensamento ficou conhecido como humanismo, e a época também é chamada de Renascimento.

Grandes homens do humanismo

LEONARDO DA VINCI (1452-1519)

O mais famoso representante do Renascimento foi pintor, escultor, arquiteto, engenheiro, matemático, fisiólogo, químico, botânico, geólogo, cartógrafo, físico, mecânico, inventor, anatomista, escritor, poeta e músico. O genial Leonardo era a síntese do pensamento da sua época: interessava-se por todos os assuntos e queria conhecer e criar o máximo possível. Inventou máquinas incríveis, profetizou conquistas que só foram alcançadas séculos depois e ainda pintou um dos quadros mais famosos do mundo: a enigmática *Mona Lisa*. *A última ceia*, que pintou em Milão, também é muito admirada. Contam que o superior do convento de Santa Maria delle Grazie, onde a obra estava sendo realizada, impaciente com a demora, foi reclamar ao duque Ludovico, que tinha encomendado a pintura. O duque chamou Leonardo para dar explicações. Entre outros motivos, Leonardo disse que a demora era devido à dificuldade em encontrar um modelo para Judas. Ludovico ofereceu o superior para servir de modelo, e Leonardo pôde terminar seu trabalho sossegado.

NICOLAU MAQUIAVEL
(1469-1527)

É considerado o criador da chamada "filosofia política", campo que estuda as relações de poder. Ele viveu na Itália, que naquele tempo não era um país unificado como é hoje, mas um conjunto de pequenos reinos. Havia muita disputa entre esses reinos, e as regras da política ainda não eram bem definidas. Na Idade Média, o pensamento predominante era de que a política devia seguir a ética e os princípios morais. Mas o pensador italiano percebeu que a política era algo diferente: o governante deveria se esforçar para conquistar o poder e permanecer nele, sem se submeter a esses princípios. Essa gestão do poder, ele observou, tem um funcionamento próprio, que precisa ser estudado de maneira independente da ética. O livro mais famoso de Maquiavel se chama O príncipe. Escrito em 1513 e publicado somente após a morte do pensador, ensina o que um governante deve fazer para exercer o poder de forma competente e eficaz. É praticamente um manual sobre como se deve fazer política e exerce grande influência até hoje. Entre seus ensinamentos, está a ideia de que a política quase sempre exige astúcia e força: é de Maquiavel a famosa frase "os fins justificam os meios". A influência das ideias de Maquiavel foi tão grande que ele até inspirou uma palavra, presente no dicionário de diversas línguas: o adjetivo "maquiavélico". Esse adjetivo, geralmente utilizado para descrever pessoas, acabou ganhando o significado de calculista, falso, astuto ou que age de má-fé.

Uma nova concepção para o universo

A sede de saber do Renascimento impulsionou uma série de revoluções nas ciências. A principal delas foi obra do astrônomo polonês Nicolau Copérnico (1473-1543). Até o século XVI, acreditava-se que a Terra era o centro do universo e permanecia imóvel. Mas os estudos de Copérnico apontaram o Sol como o verdadeiro centro. É por isso que sua hipótese ficou conhecida como Teoria Heliocêntrica (*helios*, em grego, quer dizer Sol).

Outros cientistas importantes, como Johannes Kepler (1571--1630) e Isaac Newton (1643-1727), além de Galileu Galilei e Giordano Bruno, foram aprimorando essa teoria até chegarem à concepção que temos hoje, de que a Terra gira ao redor do Sol.

Mas não foi apenas na astronomia que ocorreram revoluções. Em 1543, por exemplo, surgiu o primeiro livro de anatomia do corpo humano, feito pelo médico belga André Vesálio (1514-1564).

Foi nessa época também que surgiu uma maneira mais objetiva de organizar pesquisas, usada até hoje: o método científico, criação do pensador inglês Francis Bacon (1561-1626).

> ❝ A verdade é filha do tempo, não da autoridade. ❞
> Galileu Galilei

GALILEU GALILEI
(1564-1642)

Nasceu na Itália e fez tantas descobertas que é considerado um dos pais da ciência moderna. No período em que viveu, a Igreja Católica tinha poder de vida e de morte sobre as pessoas. Era a época da Inquisição. Qualquer comportamento fora dos padrões da Igreja era chamado de heresia e levado a julgamento no tribunal da Inquisição. Por acreditar que a Terra se movia ao redor do Sol, Galileu foi obrigado a assinar um documento negando suas descobertas, e seus livros foram proibidos. Diz a lenda que, depois de ler o documento em voz alta, ele teria sussurrado a famosa expressão *"E pur si muove"*, que quer dizer "e, no entanto, ela se move". Quase 350 anos depois, a Igreja reviu o processo e absolveu Galileu.

GIORDANO BRUNO
(1548-1600)

Nasceu em Nola, na Itália, e foi matemático, filósofo e astrônomo defensor da Teoria Heliocêntrica de Copérnico. Para Bruno, o universo era infinito, com incontáveis estrelas, como o Sol. Também acreditava que existia vida inteligente em outros planetas. Bruno foi perseguido pela Igreja Católica e, no ano 1600, condenado pela Inquisição a morrer na fogueira. Quando foram lhe comunicar essa sentença, o grande cientista disse que os juízes estavam com mais medo de pronunciar a sentença do que ele tinha de ouvi-la. E ainda completou: "Esta fogueira arderá por séculos".

Pensadores importantes da Idade Moderna

A Idade Moderna foi marcada por grandes transformações sociais e culturais na Europa. O feudalismo, sistema econômico predominante na Idade Média, foi substituído pelo capitalismo. Aos poucos, a indústria foi tomando o lugar de destaque antes ocupado pela agricultura e pela pecuária.

A chamada Revolução Industrial começou na Inglaterra no século XVIII e depois se espalhou por diversos países. Um dos principais avanços tecnológicos dessa revolução foi o motor a vapor, que permitiu a criação de locomotivas e fábricas muito eficientes, capazes de produzir muito mais produtos em bem menos tempo.

Na política, os reis e as rainhas foram sendo substituídos por presidentes. As monarquias foram aos poucos sendo transformadas em repúblicas. Um evento muito marcante nesse sentido foi a Revolução Francesa, que teve início em 5 de maio de 1789 e terminou em 9 de novembro de 1799, cujo ideal era "liberdade, igualdade e fraternidade".

Todos esses acontecimentos deram aos filósofos da época o desafio de entender e explicar a nova realidade que estava surgindo.

> " Intuições sem conceitos são cegas, pensamentos sem intuições são vazios. "
> Immanuel Kant

RENÉ DESCARTES
(1596-1650)

Nasceu na França e é considerado um dos fundadores da filosofia moderna. Também foi físico e matemático. Em sua principal obra, *Discurso sobre o método*, ele defende que o pensamento e a razão eram o único caminho seguro para a verdade. Foi também um grande aventureiro e viajou por muitos países. Achava essas aventuras tão importantes quanto os estudos. Para ele, viajar era como "ler o grande livro do mundo". Foi em uma dessas viagens que aprendeu algo fundamental: os costumes são diferentes entre os diversos povos. Por isso, concluiu: não podemos achar que nossos hábitos são verdades absolutas, já que podem ser fruto de uma compreensão parcial ou ilusória da realidade e de nós mesmos.

IMMANUEL KANT
(1724-1804)

Nasceu e passou toda a sua vida em uma cidadezinha chamada Königsberg, na Alemanha, e se dedicou exclusivamente à filosofia. Argumentou que nosso conhecimento não provém só da razão ou só dos sentidos, mas de uma combinação de ambos. Por exemplo, se digo "aquele livro é pesado", essa minha afirmação está baseada em parte no que observo (um livro) e em parte em algo que penso sobre o livro (que ele é pesado). De acordo com Kant, todos os nossos conhecimentos têm essas características.

Idade Contemporânea: as mais variadas visões

No século XIX e início do século XX, novas revoluções na indústria e na ciência provocaram diversas mudanças econômicas, sociais e culturais. A invenção de máquinas de combustão interna, movidas a óleo ou a gasolina, e de máquinas elétricas aumentou ainda mais a produção das indústrias. Com isso, boa parte da população mudou-se do campo para as cidades, buscando trabalho nas fábricas.

A Teoria da Relatividade, de Albert Einstein (1879-1955), mudou nossa concepção de tempo e espaço. A Teoria da Evolução, de Charles Darwin (1809-1882), trouxe uma nova explicação dos fenômenos biológicos: os seres vivos se adaptam gradualmente ao ambiente em que vivem, mudando suas características físicas. A longo prazo, apenas os seres mais aptos sobrevivem. Por isso tantas espécies de animais e plantas não existem mais.

Na Áustria, Sigmund Freud (1856-1939) criou a psicanálise, disciplina que estuda as raízes do nosso comportamento que transformou para sempre a maneira de interpretar os seres humanos.

As mudanças desse período também se manifestaram em ambições políticas e ideológicas que acabaram resultando em duas grandes guerras mundiais.

> **" Triste época! É mais fácil desintegrar um átomo do que um preconceito. "**
> Albert Einstein

> **A felicidade é um problema individual. Aqui, nenhum conselho é válido. Cada um deve procurar, por si, tornar-se feliz.**
> Sigmund Freud

Foram episódios muito tristes de nossa História, e até hoje é difícil compreender por que as pessoas usam a violência para resolver conflitos de interesse. Na filosofia dessa época tão cheia de contradições, encontra-se uma multiplicidade de visões que vão do otimismo à perplexidade.

Georg Wilhelm Friedrich Hegel (1770-1831), Ludwig Feuerbach (1804-1872), Karl Marx (1818-1883) e Friedrich Engels (1820-1895) foram alguns dos filósofos que pensaram a realidade da época. Nos escritos deles, encontramos uma grande preocupação em entender por que a nossa história tem as características que vemos.

Fundado pelo francês Auguste Comte (1798-1857), o positivismo se caracteriza pelo otimismo em relação à ciência e ao progresso. A fenomenologia, corrente criada pelo alemão Edmund Husserl (1859-1938), trouxe reflexões sobre a consciência da liberdade e as suas responsabilidades.

Outros filósofos, como Rudolph Carnap (1891-1970) e Ludwig Wittgenstein (1889-1951), estudaram a linguagem que usamos para transmitir nossos pensamentos. Segundo esses filósofos, não temos como investigar diretamente os nossos pensamentos, pois eles variam de uma pessoa para a outra, de acordo com as circunstâncias. Mas a linguagem é comum a todas as pessoas. Por meio da linguagem, podemos investigar os pensamentos e, por meio do pensamento, investigamos a realidade.

 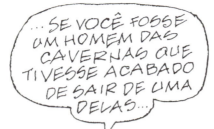

 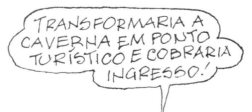

JEAN-PAUL SARTRE (1905-1980)

Nasceu na França e foi um dos principais filósofos europeus do século XX. Desenvolveu o existencialismo, filosofia que diz que a existência é mais importante do que a essência. Isso quer dizer que todo homem pode transformar as condições de sua vida, pois não existe uma essência que determine como ele deve ser. A única certeza é que o homem é livre, e que a família, o lugar onde nasceu e as ideias de sua época não podem definir como ele deve ser. Para Sartre, a liberdade é uma condição essencial do ser humano. Deixar de exercê-la, dizendo que a própria vida está de um jeito ou de outro porque é assim que as coisas são, é agir de má-fé.

FRIEDRICH NIETZSCHE
(1844-1900)

Foi um pensador alemão muito influente e também muito polêmico, porque se opôs a quase todos os filósofos anteriores a ele. Acreditava que nossas vidas são quase sempre regidas por hábitos e expectativas que, na verdade, limitam a criatividade e enfraquecem a mente. Para Nietzsche, até nossas preocupações com a verdade e a moral são sinais de conformismo. Melhor seria se afirmássemos a vida em tudo que fazemos, aproveitando ao máximo cada coisa e cada momento. Propunha ainda que as dificuldades de todos os tipos deviam ser bem-vindas. Na sua opinião, para alcançar a vida plena, o homem deve reconhecer que a dor e o sofrimento são etapas naturais rumo à conquista de objetivos. As grandes alegrias estão próximas de grandes tristezas. Em 1879, decidido a se libertar do esforço mental, Nietzsche tornou-se jardineiro. Só que a mudança não deu muito certo: sem conseguir enxergar direito, o pensador não via o que estava podando. Além disso, tinha dificuldade para se abaixar. Desistiu em três semanas. Ele gostava também de escrever os chamados "aforismos", textos curtos com uma reflexão moral. Não são poucas suas frases famosas como: "O sonho é o pensamento em férias". Nietzsche, que acreditava que só seria lido no ano 2000 e tinha receio de ser adorado como um santo pelas gerações seguintes, morreu louco em 1900.

Tudo o que observamos na sociedade foi idealizado, pensado por alguém.

Foi por meio da reflexão que surgiram as novas ideias que mudaram o curso da História. Entender melhor a realidade que nos circunda e, principalmente, quem somos nós é o primeiro passo para transformar o mundo, como fizeram muitos dos pensadores que você conheceu neste livro.

Uma pessoa que lê, pensa e reflete está mais preparada para a vida: tem mais capacidade de compreensão e de argumentação.

A consciência e a sabedoria proporcionadas pela filosofia nos ensinam a dialogar e a respeitar os outros, cuidar bem das amizades e valorizar as oportunidades que temos na vida.

Mas talvez a lição mais importante da filosofia é a de que todos podemos ser pessoas melhores do que somos hoje, e que está ao alcance de cada um transformar a si próprio. É importante cuidar bem dos nossos pensamentos para não sair por aí fazendo besteiras. Podemos, enfim, ser muito felizes aprendendo a conviver em harmonia com os outros e com o mundo em que vivemos.

Use sua cabeça: pense bem, converse com as pessoas e ajude a fazer um mundo melhor.

O que você **achou**?

Você não acha...

... que muitos mal-entendidos, brigas e até mesmo guerras poderiam ser evitados se as pessoas pensassem e tentassem dialogar antes de se agredir?

... que muitos estragos que estão sendo feitos no meio ambiente poderiam ser impedidos se todos pensassem um pouco mais?

... que está faltando reflexão na nossa sociedade atual?

... que pensar, como dizia Platão, é uma grande virtude, que tem muita força e poder de mudança?

... que todo nosso desenvolvimento, crescimento e felicidade só valem a pena se puderem ser usufruídos e compartilhados com os outros?

... que seria bom se todos tivessem as mesmas oportunidades, e cada um pudesse escolher o melhor para si?

Vamos experimentar **pensar** um pouco juntos?

É muito bom ser livre, mas não se esqueça de que os outros também têm direito à liberdade. Liberdade com responsabilidade é a melhor coisa que existe.

Comece a prestar atenção na sua forma de pensar, sentir, refletir, explicar, agir consigo e com os outros, com a realidade que o circunda e com a natureza. As descobertas serão muitas.

Tem hora pra tudo. Às vezes devemos correr atrás do que queremos, outras vezes é preciso saber esperar o momento certo.

Respeitar e conversar com pessoas muito diferentes da gente, e até mesmo opostas, é muito construtivo e pode nos ajudar a crescer.

Consumo em excesso muitas vezes é inútil e nocivo não só para o seu bolso, mas também para o meio ambiente. Vale a pena pensar um pouco nisso.

Se a aparência é importante, a essência também é. Tente cuidar das duas coisas: do corpo e do espírito.

A paixão por uma pessoa, uma ideia, uma atividade, um trabalho é importante para se manter apaixonado pela vida!

É importante respeitar sua natureza pessoal, mas, às vezes, também é importante enxergar além e tentar se superar.

Sua individualidade é o que faz de você uma pessoa diferente das outras, insubstituível. Mas não se esqueça de que todos somos indivíduos. Cada um de nós é único, mas precisamos uns dos outros para viver.

Todos os dias agimos, tomamos decisões, às vezes sem perceber. Por isso, esteja sempre atento e reflita sobre suas ações e decisões.

Sempre é uma boa ideia praticar a tolerância.

Em busca
de si mesmo,
a maior **aventura**.